TAWAQQO

A Heart With Hope

Karanvir Singh

India | USA | UK

Dedication

To my beautiful Mother, handsome Father
and gorgeous Wife.

Acknowledgement

I would like to express sincere gratitude to the team of BookLeaf Publishing to bring this dream to fruition.

Preface

After the launch of his first book "Oblivion" in 2022, Karanvir has developed a never-ending relationship with words.

This is his second book, which primarily emphasizes poetry and further includes anecdotes from daily life which the author has been experiencing in his own journey of life.

Rafeeq

This poetry is for one of my friends who I met at work in Canada. He is from Pakistan and I am unable to express completely the immense amount of love and blessings I get from him. He's an aged man, maybe in his early 70's but his energy to come to work every day is a brilliant example of discipline. We still work together in an automobile company, Ontario, Canada and we never miss a chance to hug each other. My old- good Pakistani companion.

Here are some lines for my friend.

इत्तेफाक नहीं के हम यूं मिले, इत्तेफाक नहीं के हम
यूं मिले
कुछ गुल यहां खिले, कुछ गुल वहां खिले

Ulfat

Oftentimes, in this world which is as equally beautiful as it is chaotic, your unspoken words get buried due to paucity of interaction with people around you. The recurring of this event in my life gave way to newer pathways as I began to look for ways to channelize the energy of those unsaid words into something more constructive and I began writing by the grace of almighty. A normal person could call him/herself a victim in circumstances like these where they are unable to talk more expressively without the bombardment of the other person's judgement. However, by the almighty's grace in these highs and lows, I was able to steer clear of this perplexity more productively. Ask God for the intoxication of gratitude, hope, love, optimism and perseverance in bizarre times and answers in the right words will come to you.

Here are some lines that may resonate with you and your life battle.

उस बशर के हृदय की पैमाइश तो कीजिए

जिसने भरे हैं घूंट सब्र के

उन अल्फ़ाज़ों की रहनुमाई तो कीजिए

जो हुए ना प्रकट सुर साज़ों में

अगर गनीमत, चुप्पी में मेरी

तो एकाकी ए उलफ़त, कृतज्ञता लेखन आशीर्वाद दीजिये

Yeh Bhi - Woh Bhi

5

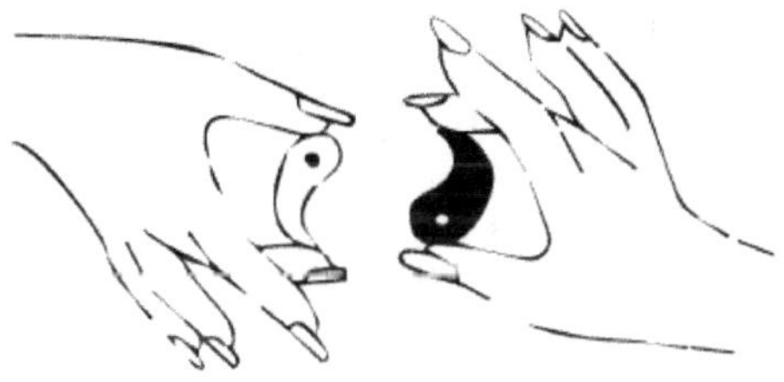

The I, in constant battle with the other I.

अभ्यासी भी हूँ
अप्राधी भी हूँ

वासी भी हूँ
प्रवासी भी हूँ

संन्यासी भी हूँ
मायाधारी भी हूँ

ऊर्जा भी हूँ
रंज भी हूँ

सिमरन भी हूँ
भंगी भी हूँ

आराधी भी हूँ
हौमे भी हूँ

चिंता भी हूँ
अचिंत भी हूँ

Arbaaz

The face-off with ego was a bewildering experience for me but by studying, listening consistently and fathoming the aftermath of ego driven minds in several stories from Hinduism and Sikhism, I have gained an understanding that the end result for such physical existence will be the same forever and for whoever.

Here are some lines for people who cannot rid the ego, may you be healed.

सुर साज़ न मैं
अरबाज़ न मैं
दिलनवाज़ न मैं
हमराज़ न मैं

अत्यंत पीड़ा हूँ मैं
जान कर भी जानता नहीं
ब्रह्मा किशन महेश क्या
मैं तो माँ-बाप को भी पहचानता नहीं

तपस्वी का तप गया
शूरवीर का बल गया

मैं ने क्या प्रवेश किया इस हलके शरीर में
विवेक से पहले रक्त गया

Sharanya

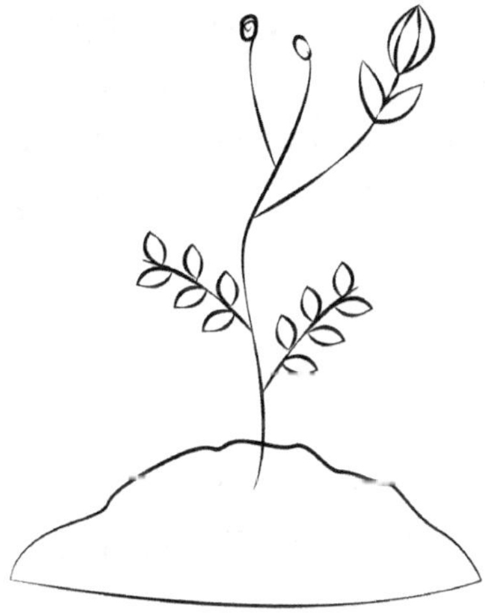

There are innumerable bounties once you learn to surrender to the formless power of the divine, and it is always easier said than done but not impossible. Once, I was returning from work to home and in a rush I was totally unaware of the fact that while I was in the car park at work, I unlocked the car boot to get something and then closed it but left the car keys out on the boot of the car. I travelled 15 kilometers at almost 100 kmph and when I parked the car at the other destination, the car key was nowhere to be found and I searched everything but then I happened to get out of the car and was shocked to see that even at that speed of driving the car, the car key's strap was stuck right above the boot of the car and rear window. This was the time I was listening to Hanuman Chalisa while I was driving.

कई मुश्किलों में है मुसाफिर
कर्म योग के बाण है ज़ुबानी उसकी

मुस्कुराता है वो बवंडरों को सामने पाकर
वो जानू है, कौन सुरक्षा में उसकी

डगमगा जाते हैं पग यह चलते-चलते
इस भूमि पर, है वो जिसकी

रणात्मक भी ध्वस्त, अहम् भी परास्त
आये जो शरण्य में उसकी

Khidmat

When your ego is serving you.

The ego says …

कभी पिता समान था जो भाई बढ़ा
वर्तमान में वही शत्रु प्रतीत है
इससे ज़्यादा मैं उसे क्या ज़लील करूँ
ज़रा फरमाइए अहं, आपकी क्या खिदमत करूँ

बढ़ा होना ही श्राप था
जिन छोटों के सब कार्य तन मन धन से संपन्न
किये

उन्हें भाई से अधिक अपने चार पैसों का अभिमान
था
भाई को पीछे कर पैसा बहुमूल्य करूँ
ज़रा फरमाइए अहं, आपकी क्या खिदमत करूँ

छोटे थे तो बढे के कहने में थे, अच्छे थे
अब देवरानी अत्यंत ऊर्जावान पढ़ी लिखी आ गयी
हैं
कब जायेंगे यह बढे अपने घर
उसकी जुबां से अलफ़ाज़ प्रकट करूँ
ज़रा फरमाइए अहं, आपकी क्या खिदमत करूँ

अनेक गलतियां माफ़ की बड़े ने
अनेकों ही गलतियां सुधारी छोटों की
छोटे मेरा सहारा बनेंगे
ऐसा संदेह बड़े के मन में भरूँ
ज़रा फरमाइए अहं, आपकी क्या खिदमत करूँ

मन को जीत जगजीत सजे कुछ
कई मनमुख हो कर गुज़र गए
प्रबल इच्छा है इक और मनमुख शिकार करूँ
ज़रा फरमाइए अहं, आपकी क्या खिदमत करूँ

Bakamaal

It is more than often taken as a sign of weakness when a person is calm about the wrongdoings of others. It has become overwhelmingly punishing to not be vigilant about who you open your heart to. And there is a section of civilization that wants to sail in two boats at the same time and eventually reach nowhere. For such organisms usually serve themselves the title of Victim Identity.

May such people find purpose in life.

Here are some lines for them.

दुःख दर्द बांटे इक तरफ
और चार असत्य सुनाये दूसरी तरफ
बाकमाल कुशल कपटी इंसान है

ईर्षा, द्वेष, लोभ, क्रोध से भरपूर और
पति-पत्नी सम्भोग का अटल विचार है
ऐसी ऊर्जा की उत्पत्ति का क्या अंजाम है

नाम भी भजते और भिन्न-भिन्न रोग विशाल हैं
यही तात्पर्य जीवन का तो नाम भजने के प्रश्न का
कहाँ स्थान है

शस्त्र संपन्न हो कर भी अंत समय तक युद्ध
टाले,
वो योद्धा वीर बलवान है
क्षमा करे जो शिव लीन हो कर दक्ष को वो ही
विद्यावान है

Hairat

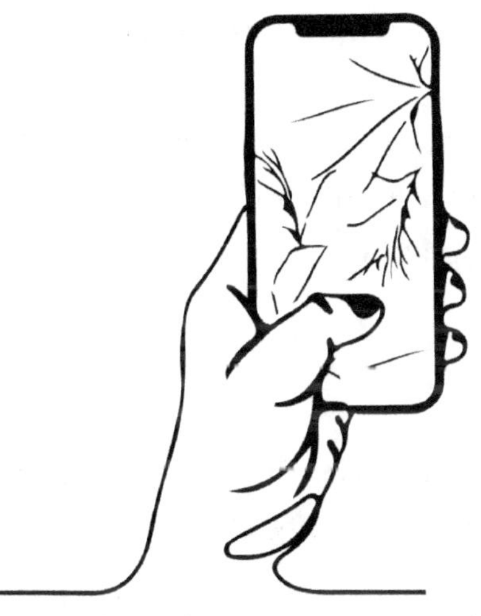

Aging is one of the finest ways in which a person can accumulate wisdom (if lived constructively). For every individual, the purpose of life can be quite different and with each passing birthday, the individual must reflect on the fact that what is to learn and what needs to let go. I heard a short story somewhere which says that a man who is still the same in his 60's as he was in his 20's has successfully wasted 40 years of his life. Sometimes, you get help from others while dealing with hardships in life and sometimes you get answers to the most burdensome

questions from within you. These answers
that emerge from within (I believe) are the
most transforming answers to a person's life.

I dedicate this poetry to everyone who is
constantly in the game of deeper
contemplation of their actions.

हैरत है के हैं जवाब मुझमें ही सभी सवालों के
और पूछते किसी और से हैं

समुद्र है खामियों का मुझमें ही
और ढूँढते किसी और में है

Barkhurdar

Working hard in order to do better than the neighbor or a colleague or a relative can only bring brief satisfaction in life. It is gone before you even taste the joy of satisfaction. A distracted mind will always work hard to impress others however, a focused mind will retrospect and introspect. Your comparison in life and competition in life must be with you, seeking admiration from others in everything is like jumping into the flames of self-sabotage.

In order to build the house, you have to leave the house.

पूछने गया था मैं रास्ता लोगों से
कुछ ने कहा वो हैं यहाँ और कुछ ने कहा वो रास्ता
है उधर से

भेंट हुई कई तजुर्बेकार राहगीरों से
कोई कहता तुम पहुंच चुके हो बरखुरदार
और किसी ने कहा तुम अभी निकले कहाँ हो
अपने घर से

Mukammal

This piece of writing is for people who have fallen seven times and still got back up the eighth time. I strongly believe that such people are at war with the constant vortex of thoughts wherein the optimism downright outweighs the pessimism.

मुकम्मल हुये हैं बिखरते-बिखरते
के आरज़ू हुई है फ़िर सँवरने की

कई बार गिरे हैं शिखरते-शिखरते
के ख्वाहिश उठी है फ़िर चलने की

तवज्जो ही क्या उस किरदार की दोनों जहान में
जिसने ज़रुरत ना समझी खुद से लड़ने की

Shram

Let me die at the hands of perseverance.

And I shall live forever in serenity.

हमें मृत होने दीजीये श्रम प्रयास में

सदा जीवित सकें तो, परमानंद के निवास में

Beshak

To my wife.

उस पल सिया-राम का स्मरण आया
सहस्रों योजन खुद को जब तुमसे दूर पाया

वैरागी की ग्रहस्ती है
जीवन शैली कैसै बदलती है

निस्संदेह तुम सक्षम हो
कुमति में अक्षम हो

पास बैठूं बिना कुछ कहे जब
उन अनकहे शब्दों का वर्णन हो तुम

तुम क्या बनोगे उसकी फ़िक्र नहीं
जब प्रत्येक मार्ग चलना साथ है

आगमन तेरा, सृष्टि संपन्न देगी
दीपावली पे एक रंगोली और बनेगी

Dilchaspi

It must be taught in every house at a very early age to children that to make fun of someone is completely unacceptable. I have experienced it first hand and I can tell that it reduces your confidence in yourself to ash. You do not want to face the family, what to say of the world. But as I've aged and as I've been fortunate enough to read true stories of people overcoming unimaginable obstacles in their life, the realization that it can take few words to make someone capable enough to work hard again and quite ironically it can take a few words to make someone kill their

confidence in themselves is something which
I have begun to think more about over the
past twelve years.

Here are some lines for people who don't put
the effort into thinking about what they are
saying to someone and how brutally it can
degrade the lives of people they are
commenting on.

यह फल है कर्मों का उसके
जिसके मोटापे पे तू आज हंसता है

यह भी फल है उसकी करनी का
जिसकी गरीबी पे तू आज हंसता है

कौन-क्या इसमें भरपूर दिलचस्पी तेरी
मैं क्या हूँ, इस संदर्भ में न विचार करता है

अंगहीन है जो वो भी शुक्र मना कर सोता है
तू बता, तेरा अहंकार क्यों रोना रोता है

करुणा भाव में ही इक व्यक्ति दूसरे का संग
करता है
अभद्र टिप्पणियों को लगाम दे
यहाँ हर कोई ज़िंदगी से जंग करता है

Safar

Just as breathing comes effortlessly, so should be the art of introspection and contemplation. Not to outrun anyone else but to make yourself a better version of who you are today than what you were yesterday. Some are born and cry for the rest of their lives, some are born and learn for the rest of their lives.

आये तो खूब रोये थे
फिर आहिस्ते-आहिस्ते हंसना सीखा

गिरे सम्भले अपनी गलतियों से, कुछ औरों ने
पीछे फेंका
कैसा होता है चोट खा कर फिर चलना
ज़िंदगी में यह भी सीखा

बीमार किया कुछ अल्फ़ाज़ों ने
तो कई बार शब्दों ने बल दिया

एक चुप सौ सुख का तात्पर्य
अनंत कष्टों को पी महसूस किया

श्रम, विद्या, करुणा, क्षमा दान से
जीवन सुसज्जित करना सीखा

मन दर्पण हर सप्ताह साफ़ करने की आवश्यकता
है
प्रतिदिन विचारों के द्वंद में ध्वस्त हो कर सीखा

Chaar Farzand

Bharat is a land where we find the rarest of the rare battles, poetries, forts, dance, music, mysticism, sacrifices and much more. I am in no position to pen down anything in praise of 4 Sahibzadas of Guru Gobind Singh Ji and I would say that whatever praise was put in my puny head was all the miracle of the formless itself.

These are the words of the formless praising itself through an instrument who is called—Karanvir.

सहस्त्र आँधियों सी ललकार ले, बढ़ चले हैं युद्ध मचाने को
दो अस्ब पठान भी पूछते हैं कि है कोई जगह सर छुपाने को

वो कहते, कई सहस्त्र होंगे रणभूमि में खड्ग से खड्ग टकराने को
वो दो कहते, हम सुपूत खालसा ए महाराज के, क्या फ़िक्र है, सब को आने दो

वो कहते, सैंकड़ों होंगे कचहरी में फ़तवा सुनाने को
वो दो कहते, असंभव है भय का इन हृदयों में घर बसाने को

सहस्त्र आँधियों सी ललकार ले, बढ़ चले हैं युद्ध मचाने को

Mawazna

I did this experiment with some of my students when I used to teach them language in which they take out a piece of paper and write all the feelings they have when they make comparisons of their lives with the lives of other people. All of those twelve students could not come up with a single word that we could call self-empowering. They came out with words like anger, revenge, betrayal, taking a shortcut (obviously doing the wrong thing), jealousy, hatred, depression, stress, worry, high-low blood pressure. And then they all looked at their papers and realized that comparison with others is only going to worsen their lives and that they must not compare their life journey to someone else. Everyone's journey no matter how grand or small is extremely beautiful. Live your life.

एक खाली काग़ज़ मिला तो किया मवाज़ना
लिखा जो कुछ न पा सके, तो मिली धिक्कारना

आगे लिखा तो विचार आया, यह भी नहीं है
लिख कर पढ़ा जब तो आया पछताना

फिर परिश्रम कर लिखा, जो उसका पर मेरा नहीं
उसे शब्दों में संजोया जब, तो उत्पत्ति की ठगना

समस्त जगत में अब सब चाहिए मुझे
यह लिखने लगा जब, तो मिली निर्विघ्न लालसा

एक खाली काग़ज़ मिला तो किया मवाज़ना

Musafir

As you absorb the poetry, it will take you to a journey of questions to answers. Questions of a traveler and responses by a co traveler.

सहस्त्र सौगातों के साथ थोड़ा दुःख ज़रूर देते हो
ख़ुशी होने लगती है के बस तभी रुला देते हो

खुद को तुम भगवान कह देते हो

विशवास पूर्ण हो जाता है जिन सज्जनों पे
उन्हीं से पराजय करा देते हो
एक झटका संभलता नहीं
के दूसरा सामने प्रस्तुत कर देते हो

खुद को तुम भगवान कह देते हो

इच्छा मनुष्य करे, इच्छापूर्ति स्वयं की कर देते हो
जो सोचा न हो कभी, उस चक्र में डाल देते हो
ऐसा मेरे साथ ही क्यों करते हो

खुद को तुम भगवान कह देते हो

प्रसन्नता के स्वभाव में तुम श्रम से वंचित न रहो
इसीलिए कुछ पीड़ा और कष्ट देता हूँ

भगवान तो नाम तुमने दिया है
मैं तो खुद को तुम्हारा सहयात्री कहना पसंद
करता हूँ

यकीन का पतन होने के पश्चात भी पुनः भरोसा
कर सके जो
उसे मैं स्वयं सामर्थ्यवान करता हूँ
प्रत्येक प्रहार को सहन कर, फिर चलने पे तुझे
मजबूर करता हूँ

भगवान तो नाम तुमने दिया है
मैं तो खुद को तुम्हारा सहयात्री कहना पसंद
करता हूँ

कुछ जोड़-घटा था तेरा पिछली बार का
उसी का हिसाब करता हूँ
और तुझे लगता है केवल तेरे साथ ही ऐसा करता
हूँ
जिस भी परिस्थिति में है तू, मैं भी उसमें भाग
लेता हूँ

भगवान तो नाम तुमने दिया है
मैं तो खुद को तुम्हारा सहयात्री कहना पसंद
करता हूँ

Shukr

In times of chaos and in times of joy, may I always be in your grace.

आएं जो कभी मुश्किलात, तो भी शुक्र
बन जाये जो अक्स इम्तिहान, तो भी शुक्र

घर पहुँच न सके अपने जो स्वप्न, तो भी शुक्र
है ग़ैर हुए कुछ अपनों का क़र्ज़, तो भी शुक्र

हर्ष के लम्हों को है द्वेष की मर्ज़, तो भी शुक्र
करीब नहीं, जहाँ होना था इस साल, तो भी शुक्र

ग़मगीन मुस्कुराहट है, तो भी शुक्र
तोहमतों का प्रसंग है, तो भी शुक्र

असहनीय विलम्भ है, तो भी शुक्र
अंत के पश्चात आरम्भ है, तो भी शुक्र

शुक्र करते हैं तो अर्थ है
अन्यथा जीवन व्यर्थ है

Tarjuma

I was once listening to a saint talking about the importance of words. He mentioned that fools ask me how come words are important when it is us humans who speak and give life to words. The saint politely explained with an example and said in two different homes, came two different letters. One letter had words that formed the sentences to tell the house members that their son was no more. The whole house was in screams of mourning and ear-deafening cries and yelling as if upon reading the letter the house members had died too. In another house, came a letter that had words in it which formed the sentences to tell the house members that their son is now promoted to a high ranking officer in a company, the whole house upon reading that letter of delight was in a state of exultation as if they all have been promoted to the same rank.

Words can act as a weapon of destruction or a tool of optimism. Let us all be very watchful of the words we speak.

तर्जुमा किया शब्दों का तब
अस्त्रों से भी घातक हुए जब

समय की भांति लौटते नहीं
अभद्र रूप में सोचते नहीं
अशिष्ट शब्दावली में विलीन
मुख से प्रकट होने पर, जीवित छोड़ते नहीं

शब्द हैं सभी को प्रस्तुत करने
कोई इनको तोलता नहीं

एक ही वाक् परिपूर्ण
वो कोई बोलता नहीं

Dilnavaaz

To become ashes in the game of life, is to register the winning.

बुज़ुर्गों से सुन ने में आता है, वक़्त का तकाज़ा है

उत्पत्ति से लागू मुआवज़ा है

वैराग्य भाव क्रिया ही सद्गति का दरवाज़ा है

चिंता रहती हर पल की, इस चिंतन में न रूह साज़ा है

मन मंथन कर, सकारात्मकता ही नवाज़ा है

संघर्ष की आहुति में भस्मा जो, उसे खुदा ने दिल
नवाज़ा है

Deen

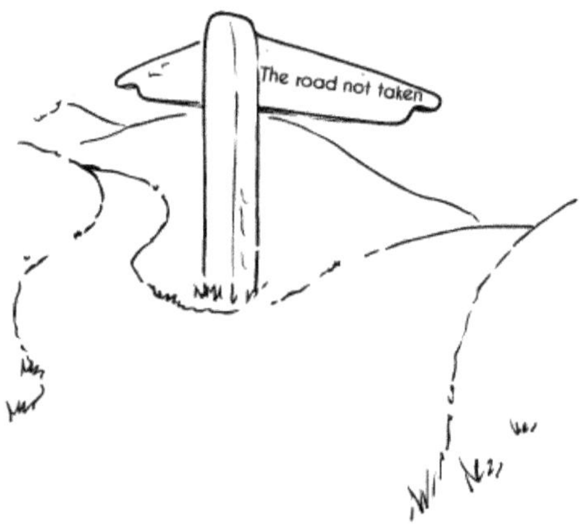

For people who have learnt in life that the things happening in their life are completely their responsibility. That they and only they are accountable for whatever profit and loss, the balance sheet of life has for them, this poetry is for them.

वां रात हो जाती है
यां दिन का उजाला
संक्षिप्त वाणी शब्दों की माला
फिर कर्म योग में दिन गुज़र जाता है

अपनों से यूँ दूर रहना सरल नहीं,
धर्म कमाना सरल नहीं

जो लें उधार चार पैसा
उन्हें लौटाने में संकोच कैसा
ऋणी तपस्या सफल तब
नष्ट हो ऋण मर्ज़ जब

परायी संपत्ति मेरी तो नहीं
धर्म कमाना सरल नहीं

आज यह, कल वो बन जाते
अविलंब अनेक किरदार चेहरा दिखाते
स्पष्टीकरण भी लाज़मी, स्वीकार्य न बदहज़मी

सब चलते जहाँ, स्वयं भी उस डगर तो नहीं
धर्म कमाना सरल नहीं

इसकी वजह से, उसकी वजह से
में ग्रस्त हुई भूल के प्रति

उम्रभर, इल्ज़ामों की पोटली तो नहीं
ओ कर्ण, धर्म कमाना सरल नहीं

www.ingramcontent.com/pod-product-compliance
Lightning Source LLC
LaVergne TN
LVHW021304200726
843509LV00012B/1781